AF456612

LES PROCESSIONS

A NANTES.

DEUXIÈME VÉRITÉ

AU

PHARE DE LA LOIRE

PAR

LE Vte DE KERSABIEC.

LIBRAIRIE CATHOLIQUE

LIBAROS, successeur de POIRIER-LEGROS

Carrefour Casserie, 3, à Nantes.

1866

NANTES, IMP. M. BOURGEOIS.

LES PROCESSIONS

A NANTES.

Deuxième Vérité

Au PHARE DE LA LOIRE.

I.

Depuis plus de quinze jours le *Phare de la Loire* entretient le public de ses doléances et de ses mécomptes; il éprouve toutes sortes de chagrins. Lui, qui consacre ses veilles au bien du peuple, n'en est pas écouté. Les Processions sortent malgré ses injonctions et le peuple y court et les suit quoiqu'il dise. Le peuple est bien ingrat au vis-à-vis du *Phare*, mais de cela le *Phare* se consolerait car il est « exclusivement mû par un sentiment très-impersonnel. » En effet, voyez comme il s'adresse à toutes les situations, qu'il ne connait que par ouï-dire, je suppose. Il trouve les pères et les mères de famille bien imprudents d'envoyer leurs enfants à ces cérémonies, d'où ces pauvres petits peuvent ramener la mort; il trouve la police bien mal inspirée de supporter ces plantations de mâts ou ces reposoirs qui, la nuit, peuvent former obstacle aux passants attardés ou avinés; il trouve surtout l'Administration supérieure bien osée de se rendre complice de flagrantes illégalités. Toutes ces considérations empêchent que le *Phare* puisse se consoler ou se reposer; le *Phare* se consume au service de la loi; c'est là son destin.

Posons les faits.

Sur l'avis qui lui avait été donné par Monseigneur l'Evêque de Nantes, que la Procession de la Fête-Dieu allait sortir comme à l'ordinaire et suivre son parcours habituel, Monsieur le Préfet de la Loire-Inférieure a pris un arrêté conformément à la loi du 5 mai 1855. Cet arrêté scandalise le *Phare*, qui s'écrie : « Il faut avouer que les choses ne se passent pas ici d'une façon vulgaire. Généralement on se cache pour commettre un délit ou une contravention ; là, l'Evêque de Nantes avise l'autorité préfectorale qu'il a l'intention de ne tenir aucun compte d'une loi, au contraire, et il prie le Préfet de lui assurer les moyens de perpétrer en paix l'illégalité qu'il médite.

» Et aussitôt un arrêté fait droit à cette requête. Assurément, on procéderait différemment avec un autre délinquant, et ce serait pour l'obliger à respecter la loi qu'on prendrait des mesures.

» Malgré l'article formel qui interdit les cérémonies religieuses hors des temples, dans les villes où sont professés plusieurs cultes, on réglemente la sortie de la Procession, et M. le Maire de Nantes, pour lui donner plus de solennité, adresse à MM. les membres du Conseil municipal la circulaire suivante. »

Le *Phare* donne le texte de cette lettre, et ajoute, en forme de conclusion, cette phrase qui veut être piquante : « Au point de vue catholique, c'est bien édifiant; mais au point de vue légal ?... » et il reste suspendu à ce point d'interrogation.

Cependant le *Phare* persiste à demeurer en son observatoire, et cinq jours après, il nous fait part de ses découvertes. Deux incidents sont venus lui « prouver qu'au point de vue de la liberté de conscience, du maintien de la paix publique, de la concorde et de la sécurité des citoyens, la loi qui interdit les cérémonies religieuses extérieures dans les villes où existent plusieurs cultes, est une loi équitable et de bonne prévoyance. »

Le premier de ces deux incidents est celui d'un cheval attelé à un cabriolet, lesquels, mal dirigés, sont allés, l'un traînant l'autre, se heurter, le *Phare* dit *butter* contre un tas de pavés d'abord, et ont fini par glisser, sans graves accidents, dans un trou. Les préparatifs des reposoirs sont responsables de cette mésaventure, cela va de soi.

Le second eut lieu le lendemain dimanche, au moment où se terminait la bénédiction d'usage sur le reposoir de la place Bretagne. Un jeune homme voulut garder fièrement son chapeau sur la tête en face de Dieu et du peuple découvert ; il y mettait, paraît-il, sa dignité, et le *Phare* l'approuve. « Le cri : A bas le chapeau! partit de la foule. » Le jeune homme refuse. On insiste, il refuse encore. On fait le geste de l'y obliger, le jeune homme frappe. Les gendarmes interviennent, et « mettent fin à ce scandale en présence d'une foule stupéfaite. »

Stupéfaite de quoi? Apparemment de l'inconvenance du jeune homme mal élevé, puisqu'il est constaté que le cri : A bas le chapeau! est parti de la foule.

Le *Phare* termine ses historiettes par cette moralité : « Le clergé qui a assez d'influence pour faire sortir illégalement les Processions disposerait-il d'une police bénévole pour obliger les passants à les saluer dans leur parcours. » Le *Phare* a le secret des gros mots appliqués aux petites choses ; vraiment l'article 45 de la loi de germinal an X, relatif aux garanties offertes aux cultes protestants, n'a rien à voir aux cabriolets renversés ou aux chapeaux des amis du *Phare*.

Au reste, le *Phare de la Loire* a compris le peu d'importance de ses découvertes, aussi a-t-il senti le besoin de se mettre en scène. Dans un style heurté, haché, lent toutefois, et monté à la hauteur du sujet, il raconte au public ses malheurs et surtout les dangers qu'ont couru en sa personne la liberté de la presse et les droits de la propriété individuelle.

UN JOURNAL A ÉTÉ ARRÊTÉ PAR UNE PROCESSION, et ce journal, *Horresco referens*, c'est le *Phare de la Loire*, en la personne de son rédacteur en chef! C'est à ne pas croire! Où allons-nous?

Ecoutez plutôt, mais avant, il faut une explication que le *Phare* donne longuement et que j'abrége :

La direction des postes a laissé aux journaux de Nantes la faculté de déposer directement à la gare les exemplaires qui s'expédient par le chemin de fer. Le *Phare de la Loire* use de cette faculté comme les autres journaux de Nantes, et c'est à ce propos qu'advint l'aventure. Je copie maintenant :

« Hier, l'employé chargé « de faire ce dépôt, » accompagné du rédacteur en chef, signataire de ces lignes, se rendait en voiture à la gare, muni du sac contenant les exemplaires destinés au convoi de Paris. A ce moment, la Procession de Saint-Nicolas s'avançait par le quai, en longeant la promenade de la Bourse; la voiture qui portait le *Phare* et sa fortune se hâta d'obliquer à gauche pour gagner sa destination par la rue de la Fosse, c'est-à-dire en tournant la difficulté, quand un sergent de ville l'arrêta au passage de la rue Jean-Jacques, bien que le cortége qui devait suivre cette rue pour se rendre au reposoir du cours Napoléon n'eût pas encore tourné l'angle de la promenade. »

Ce César, dans son fiacre, avec sa fortune et son sac, intéresse au dernier point.

« Lorsqu'on prend une voiture pour se faire conduire à un point, continue gravement notre infortuné, c'est qu'on n'a pas de temps à perdre. La nôtre fut pourtant contrainte à stationner jusqu'après le défilé, et il devait être long, car il s'effectuait avec une lenteur majestueuse comme pour affecter sa contravention. Et nous protestions, nous faisant tout bas cette réflexion que nous, qui avions droit de passage, nous nous en voyions privés, pendant que par un contraste étrange, la Procession à laquelle la loi défendait de circuler tenait le pavé à nos dépens. »

Enfin, pour en finir, un brigadier survient. « Il comprend, dites-vous, combien l'arrêt malencontreux que vous subissiez vous constituait indûment en préjudice, » il s'attendrit et vous fait continuer votre chemin « par le quai où la queue de la Procession se trouvait encore; » — vos chevaux partent... mais « quand vous arrivâtes à la gare, le signal du départ venait d'être sifflé. »

Vous fûtes « obligé de vous en revenir avec le *Phare,* » mais vous ne nous dites pas si ce fut à pied ou en voiture, avec ou sans sac et fortune, et pourtant les règles de l'art exigent que le lecteur soit informé du sort qui échoit à chaque personnage qui l'a intéressé. Pour moi, je m'étais attaché à cette barque qui vous portait et à tous les accessoires.

Au moins avez-vous soin de nous donner encore ici votre moralité : « C'est ainsi qu'en suite d'un acte illégal, le service postal du journal, a été empêché, ce qui ne peut se faire que par mesure légale. » Que d'*al* en cette morale! Il n'y manque plus que le cheval-animal et le sergent municipal-clérical.

Pour en finir avec ces citations, je dois raconter un dernier fait : Le soir où le *Phare* et sa fortune errèrent ainsi de sergent-de-ville en brigadier, un ferblantier aurait été malmené par « un individu ayant un costume mi-clérical mi-bourgeois qui s'élança des rangs de la Procession et lui arracha son chapeau d'une façon si brutale qu'il l'*abîma* complétement. » Où l'abîma-t-il ? dans quel gouffre ? dans quel vide ? sur ou dans la tête du ferblantier ? Voilà ce qu'on ne nous dit pas !

Est-ce assez de misères, et me pardonnera-t-on de les avoir étalées ? Oui, si l'on veut bien se rappeler les règles qu'exige une polémique loyale. Voulant répondre au *Phare de la Loire*, je devais reproduire ses allégations dans la forme qu'il lui a plu de leur donner.

Il résulte de ce que je viens de transcrire, qu'après s'être fait historien, il y a quelques semaines, et l'on sait avec quelle désinvolture et quel succès, le *Phare* a senti le besoin de se faire jurisconsulte en attendant qu'il devienne législateur. Au reste, je lui rends justice : il est toujours égal à lui-même ; si les preuves qu'il apporte de ses assertions sont nulles ici comme ailleurs, ses affirmations du moins sont nettes, très-nettes.

Je lui répondrai, comme je l'ai fait précédemment déjà : Vos affirmations ne reposent sur rien au fond et il vous sera impossible de maintenir loyalement ce que vous avancez dans un style que je ne caractérise pas en ce moment, me réservant de le faire plus tard, à savoir : *que c'est contrairement à l'article 45 de la loi du 18 germinal an X, que les Processions parcourent les rues de la ville de Nantes.*

II.

Que le *Phare de la Loire* ne m'en veuille pas si je préfère puiser mes renseignements dans le recueil très-autorisé de Dalloz, plutôt que dans ses colonnes suspectes ; voici ce que je lis dans cet auteur (1) :

« L'article 45 de la loi du 18 germinal an X, est ainsi conçu :

(1) Répertoire de Législation, de Doctrine et de Jurisprudence. Tome XIV. Art. culte.

« Aucune cérémonie religieuse n'aura lieu hors des édifices consacrés au culte catholique dans les villes où il y a des temples destinés à différents cultes. » Cet article, abrogé implicitement par la Charte de 1814, a été remis en vigueur par celle de 1830 qui nous a placés sous le régime du Concordat, mais, — lisez bien cette phrase, elle est déjà pour vous une condamnation, — mais il doit *être entendu et appliqué avec intelligence sous* PEINE DE CHANGER LA PROTECTION EN OPPRESSION. »

C'est là ce que vous voulez : l'oppression ; je le sais bien, et je vous l'ai déjà dit, mais ce n'est pas ce qu'a voulu le législateur.

Je continue : « Ainsi on conçoit que dans des lieux où tous les cultes reconnus s'exercent simultanément et où le nombre des adeptes de chacun d'eux est sinon égal, du moins considérable, la prudence commande, *selon les circonstances,* l'interdiction des cérémonies religieuses, mais on ne comprendrait pas que la présence d'un membre ou de quelques membres d'une religion dissidente, dans une ville ou ailleurs, suffit pour y faire interdire les cérémonies extérieures du culte catholique, alors que le Concordat garantit que la religion catholique, apostolique et romaine sera librement exercée en France et que son *culte sera public* (art. 1er), et alors que le gouvernement de la République Française reconnait, dans le même acte, que la religion catholique, apostolique et romaine est la religion de la majorité des citoyens français. »

Une question me préoccupe ici, — qui donc êtes-vous ? combien êtes-vous ? au nom de qui parlez-vous ?

Les protestants ne vous ont pas chargé de leurs intérêts que je sache ?

Etes-vous le mandataire des Juifs ?

Vous êtes libre-penseur, — mais la libre pensée est une négation errant à sa fantaisie sur tous les points, ce n'est pas un culte, — vous êtes sans droit pour parler et revendiquer le bénéfice d'un article qui ne regarde que l'un des cultes *reconnus* par l'Etat, article qui, dès lors, n'est pas fait pour vous.

« L'article 45 a d'ailleurs déterminé les cas où les cérémonies religieuses extérieures pourraient être interdites ; c'est lorsqu'il y aurait dans les villes des temples destinés à différents cultes. »

Pour le coup, dites-vous, nous y voilà.

Eh bien, non ! — Portalis, le ministre des cultes, chargé de mettre à exécution la loi de germinal, sur laquelle vous vous appuyez, a pris soin d'en faire comprendre l'esprit et la portée ; je préfère l'explication de Portalis à la vôtre.

« L'intention du gouvernement, dit-il, en protégeant les différents cultes, n'a pas été de les paralyser l'un par l'autre, mais de les faire tous servir au maintien du bon ordre, à la propagation de la saine morale, en assurant à chaque culte, selon les lieux et les temps, tout l'appareil, toute la dignité que le nombre de ceux qui le professent et les autres circonstances locales comportent. » — *(Lettre du 14 prairial an XI.)*

Si vous voulez quelque chose de plus précis, vous le trouvez dans la même lettre, où l'interprétation de votre fameux article 45 est ainsi donnée : « La loi du 18 germinal an X, a décidé qu'il faut qu'il y ait 6,000 personnes de *la même* communion pour qu'il puisse y avoir lieu, chez les protestants, à l'établissement d'une église consistoriale ; elle a jugé que cette portion du peuple était nécessaire pour fixer l'attention de la politique et de la bienfaisante sollicitude du gouvernement. Cela n'empêche pas qu'un moindre nombre de protestants ne puissent avoir des églises de commodité pour profiter de la liberté qu'a chaque individu d'exercer son culte ; mais ces églises ne sont point alors dans la classe de celles dont l'établissement peut mettre obstacle à l'exercice extérieur d'un autre culte. »

Je m'arrête, pour vous faire encore quelques questions.

Vous semble-t-il que les catholiques soient, à Nantes, en quantité suffisante pour vouloir que leur culte ait tout l'appareil, toute la dignité et toute la liberté qui convient au nombre de ceux qui le professent ?

Les protestants qui, d'ailleurs, ne vous ont point chargé de les représenter, sont-ils au nombre de 6,000 de la même communion ?

Et les juifs !

Quant à vous, — vous ne pouvez compter, votre culte ne peut être reconnu, vous ne le connaissez pas vous-même. — Si vous vous en faites un, comme individu vous pouvez l'exercer, à condition qu'il ne consiste pas à molester les autres, à insulter, ou à entasser inconvenances sur inconvenances. En tout cas, savant jurisconsulte, vous oubliez que vous ne pouvez l'exercer en public.

Mais je ne veux rien celer, et je continue : « Par une circulaire ministérielle du 30 germinal an XI, le ministre de l'intérieur avait déjà décidé que par le mot *temple* on ne doit entendre que les églises consistoriales régulièrement autorisées. L'intention du gouvernement est que les cérémonies religieuses puissent se faire publiquement dans toutes les villes où il n'y a pas une église consistoriale reconnue, d'où la conséquence que quel que soit le nombre des protestants, il ne fait pas obstacle à l'exercice du culte extérieur catholique, s'il n'y a pas d'église consistoriale légalement établie. Mais cette église, même avec un nombre moindre de 6,000 protestants, suffit pour empêcher l'exercice extérieur. *(Décision ministérielle du 14 messidor an XI.)*

Vous triomphez, vous vous croyez au but.... Hélas! c'est ici comme lors de votre course en fiacre, alors qu'à votre arrivée « le départ fut sifflé. »

Sans m'arrêter à vous faire remarquer la divergence de vue des deux ministres, et la conséquence absurde à laquelle on arriverait en prenant pour règle absolue cette décision, que quel que fût le petit nombre auquel serait réduite une église consistoriale légalement reconnue, — deux ou trois personnes, vingt, trente, cent, trois cents, six cents, si vous le voulez, — l'exercice du culte extérieur, dans une ville de cent mille âmes catholiques serait par là même empêché (et le ministre ne va pas jusque-là). Je reviens à Dalloz, et j'en extrais cette citation nouvelle :

« Dans quelques villes, l'église consistoriale n'ayant été autorisée que sous la clause : *Sans préjudice des cérémonies extérieures du culte catholique,* il en résulte que dans ces villes, ces cérémonies peuvent avoir lieu nonobstant l'établissement légal d'une église consistoriale. »

Retenez bien ceci, et lisez encore attentivement ce qui suit : « Sous l'Empire, l'administration ne cessa pas de se conformer à cette interprétation qu'elle avait donnée de la loi ; on s'efforça même d'éviter les occasions d'appliquer l'article 45 de la loi de germinal. Dans la plupart des grandes villes où il y avait lieu d'ériger une église consistoriale, le Consistoire fut placé *non dans la ville même, mais dans un des faubourgs*, lorsqu'il formait seul une circonscription communale; c'est ce qui a été fait à Marseille, à Lyon, etc. Dans d'autres localités, l'église consistoriale ne fut érigée *qu'à la condition insérée expressément* dans le décret ou dans l'ordonnance, que *ce ne serait pas un motif pour interdire aux catholiques les cérémonies religieuses.* Ainsi, un décret du 30 brumaire an XIII, porte : « Il y aura une église consistoriale de la communion réformée, au Vaugueux, faubourg de la ville de Caen.... Article 3. Les protestants continueront de s'assembler dans la ville de Caen, sans préjudice des cérémonies extérieures du culte catholique. »

Est-ce clair ?

Etes-vous satisfait ?

Non. Vous ne le serez jamais ; et vous me dites : Mais Nantes n'est pas dans ce cas d'exception. — C'est ce que nous verrons en son temps.

Je poursuis : « Après la Révolution de Juillet, est-il dit, dans les observations que nous avons déjà citées, on demanda l'interdiction des Processions extérieures dans les communes où le culte protestant était célébré. La question fut alors l'objet d'un sérieux examen dans le Conseil des Ministres, qui arrêta des instructions à adresser aux Préfets. Ces instructions portaient en substance que le gouvernement a le droit incontestable d'empêcher, quand il le juge à propos, *au moins dans les villes où il y a un temple consacré à un autre culte*, les cérémonies religieuses du culte catholique, mais (remarquez ce mais), mais que *le respect dû aux croyances et aux habitudes des populations doit toujours déterminer à distinguer, dans l'application de la loi* qui conserve toute sa force, ce que l'autorité a plutôt le *pouvoir* que le DEVOIR de faire ; que tel est l'esprit de la Charte, et que les restrictions apportées à l'exercice extérieur du culte ne peuvent être justifiées que par l'impérieuse nécessité de maintenir l'ordre public. »

Avant de vous appeler le *Phare de la Loire* et le *National de l'Ouest*, vous vous nommiez, Monsieur, l'*Ami de la Charte*. Conservez donc quelque souvenir de ces beaux jours, et ne vous reniez pas vous-même... Restez dans l'esprit de votre Charte.

Mais vous préférez vous en tenir à la lettre plutôt qu'à l'esprit, et ceci me conduit à étudier pour vous l'histoire de l'établissement de l'église consistoriale protestante à Nantes.

III.

Le premier acte public que je trouve, relatif à l'établissement légal des protestants à Nantes, est une lettre de Chaptal, ainsi conçue :

Paris, 11 fructidor an XI de la République Française.

Le Ministre de l'Intérieur au citoyen Letourneur, préfet du département de la Loire-Inférieure.

« Par arrêté du 25 thermidor, le premier Consul a, citoyen préfet, autorisé les protestants de votre département à se réunir dans un Oratoire pour l'exercice de leur culte, sous le ministère du citoyen Molles, leur pasteur provisoire, dont la nomination est confirmée. Veuillez en donner avis à ce citoyen.

» J'ai l'honneur de vous saluer.

» Chaptal. »

Ainsi, les protestants de Nantes, postérieurement à votre loi de germinal an X, n'étaient encore qu'autorisés à se réunir en un Oratoire, ce que Portalis appelle une église de commodité, ne donnant aucun droit d'empêchement à l'encontre des cérémonies extérieures du culte catholique.

Mais les protestants de Nantes eurent bientôt le désir de voir leur communauté grandir, ils s'en ouvrirent à M. de Belleville, qui était alors préfet, et qu'ils trouvèrent bien disposé à leur venir en aide. Cela résulte de cette lettre adressée au Conseil municipal.

Le 19 prairial an XII de la République Française.

Le Préfet du département de la Loire-Inférieure à M. le Maire de Nantes.

« Je m'empresse, Monsieur le Maire, de vous autoriser à convoquer le Conseil général de la commune.....

» Je vous prie aussi de proposer au Conseil général de statuer sur la réclamation de ceux des habitants de Nantes qui professent le culte protestant. Ils demandent qu'il leur soit désigné un local pour leurs réunions, conformément aux lois organiques sur les cultes. Ils éprouvent, aujourd'hui surtout, le plus vif regret de n'avoir pas un temple assez vaste pour y rassembler tous les Français de cette commune et des environs professant la même religion, afin d'offrir ensemble à l'Eternel des actions de grâces pour la conservation des jours précieux de l'Empereur et la prospérité de son auguste famille.

» Je vous serai personnellement obligé, Monsieur le Maire, de vouloir bien faire prévenir M. Pelloutier du jour et de l'heure que le Conseil général fixera pour s'occuper de cet objet, afin qu'il soit prêt à donner tous les renseignements qui seront jugés nécessaires, pour que cette réclamation ne souffre ni retard, ni difficulté, et que je puisse la faire connaître ensuite, avec l'avis du Conseil, à M. le Conseiller d'Etat, chargé des affaires des cultes.

» J'ai l'honneur de vous saluer.

» BELLEVILLE. »

Le 23 prairial an XII, le Conseil municipal se réunit et nomma une commission qui, le lendemain, proposa une réponse à la lettre du Préfet ; réponse dont se trouve la substance dans cette délibération :

Extrait du registre des délibérations du Conseil municipal de la ville de Nantes.

SÉANCE DU 24 PRAIRIAL AN XII,

Présidée par M. De Loynes, *maire*, où assistaient MM. Rossel, Bouteiller, Colin, Meyracq, Bellier, Saulnier de la Pinelais, Angebault, Camo, Caillaut, Bigot, Martin, Lincoln, Baudot, Dumaine, Auvray, et Goyau, *secrétaire*.

« La commission nommée à la séance d'hier a proposé, sur le deuxième objet de la lettre de M. le Préfet, la rédaction suivante, qui a été adoptée :

» Le Conseil municipal, d'après la demande de M. le Préfet, contenue en sa lettre du 19 de ce mois, a accordé au Cen Pelloutier l'entrée de sa séance pour donner les renseignements qu'il croirait nécessaires à l'éclaircissement de la réclamation que lui et les autres particuliers qui professent le culte protestant à Nantes doivent avoir remis aux mains de M. le Préfet.

» Entré dans la salle du Conseil, M. Pelloutier a déclaré que les protestants n'étaient pas en effet au nombre de six mille requis par l'article 16 de la loi sur le culte protestant, pour former à Nantes une église consistoriale; qu'ils demandaient seulement que la commune leur fournit un local pour y exercer leur culte; qu'ils se croyaient fondés à le réclamer conformément aux lois organiques sur les cultes, et que de même que le gouvernement ou la commune fournissait des églises aux particuliers qui suivent le culte catholique, il lui paraissait naturel qu'on en fournit à ceux qui professent le culte protestant; qu'au surplus, *fussent-ils même au nombre de six mille, il déclare formellement que, jaloux de bien vivre avec leurs concitoyens, ils n'entendraient aucunement profiter de l'article 45 de la loi organique des cultes, qui ne permet aucune cérémonie religieuse hors des églises consacrées au culte catholique dans les villes où il y a des temples destinés à différents cultes.*

» M. Pelloutier retiré et l'affaire mise en délibération, le Conseil municipal,

» Considérant, qu'il est de toute justice que tout citoyen français jouisse de la liberté du culte permis par la loi; qu'il n'y a à cet égard qu'un vœu unanime dans le Conseil : mais que s'il ne peut restreindre, il ne peut aussi dépasser les limites prescrites par la même loi; que de l'aveu de M. Pelloutier les protestants ne sont pas à Nantes au nombre de six mille âmes de la même communion, exigé par la loi, pour former une église consistoriale; que le Conseil qui a vainement demandé qu'on mit sous ses yeux la pétition ou réclamation des protestants, ainsi que les pièces et signatures à l'appui, n'a à ce moyen aucuns documents propres à lui faire connaître que les protestants soient même au nombre de quinze à dix-huit cents; que quand ils seraient au nombre de six mille, il n'existe aucune disposition dans la loi qui autorise à leur concéder un temple ou un local aux frais de la commune, déjà trop grevée pour s'imposer volontairement cette charge; qu'il paraît que dans ce cas même, et à plus forte raison, étant en aussi petit nombre, ils sont obligés de se procurer un oratoire à leurs frais; que la comparaison faite à ce sujet entre le culte catholique et le culte protestant ne paraît pas devoir changer cette manière de décider; qu'il y a dans la loi une disposition formelle pour le premier, et qu'il n'y en a pas pour le second ; que, quoiqu'il ne soit pas besoin de chercher à ce sujet le motif du législateur, il en est un qui se présente bien naturellement, indépendamment de l'immense différence du nombre d'individus attachés à ces différents cultes ; c'est qu'en 1789, le gouvernement séquestre comme propriété nationale toutes les églises et autres biens appartenant au culte catholique ; que non-seulement il n'en fut pas de même des biens possédés par les établissements protestants ; mais qu'au contraire, un décret du 1er décembre 1790, suivi de plusieurs autres, les excepte formellement des biens nationaux ; qu'il paraît donc bien naturel que la commune de Nantes ne soit pas chargée de rendre de local ni de temple aux protestants, auxquels il n'en a point été ôté ; que la commune de Nantes ne pourrait point d'ailleurs concéder aux protestants un édifice ou local à ses frais, sans reconnaître à ce culte une existence publique que la loi n'autorise pas, en ce qu'ils ne sont pas au nombre de six mille.

» Par ces divers motifs, le Conseil est d'avis qu'il n'y a lieu à délibérer sur la réclamation mentionnée dans la lettre de M. le Préfet, concernant les individus attachés au culte protestant dans la commune de Nantes, et que copie du présent lui soit adressée avec invitation de la transmettre au Conseiller d'Etat, chargé des affaires des cultes.

» Pour copie conforme :

» *Le maire*, (signé) De Loynes. »

Voilà un Conseil municipal qui me paraît fortement entaché de cléricalisme ; un Conseil qui constate que par suite du séquestre et de la confiscation des biens ecclésiastiques opérée par le gouvernement en 1789, l'Etat à contracté l'obligation de pourvoir à l'entretien du culte catholique (1). Ce Conseil n'eut pas eu les sympathies

(1) L'Assemblée nationale, par un décret des 2-4 novembre 1789, décida : 1° Que tous les biens ecclésiastiques sont à la disposition de la Nation, à la charge, par elle, de pourvoir d'une manière convenable aux frais du culte, à l'entretien de ses Ministres et au soulagement des pauvres, sous la surveillance et d'après les instructions des provinces ; 2° Que dans les dispositions à faire pour subvenir à l'entretien des Ministres de la Religion, il ne pourra être assuré à la dotation d'aucune cure moins de 1,200 livres par année, non compris le logement et le jardin en dépendant.

Lors donc que le *Phare* et ses amis crient contre le modeste traitement dû, par l'Etat, au clergé, ils s'insurgent et crient contre les principes posés et les décrets rendus par leur immortelle Assemblée.

du *Phare*, mais quel est donc l'heureux Conseil qui pût jamais se les croire acquises !

Quoi qu'il en soit, constatons un point : la déclaration formelle de M. Pelloutier tant pour le présent que pour l'avenir.

M. le préfet de Belleville en référa le 26 prairial suivant au Ministre de l'Intérieur, Chaptal, et au Conseiller d'Etat chargé des cultes, Portalis.

Nous avons la réponse du Ministre Chaptal ; la voici :

Paris, 13 messidor an XII.

Le Ministre de l'Intérieur, à M. Belleville, préfet de la Loire-Inférieure.

» Les protestants de Nantes ont demandé, Monsieur, qu'on mit un édifice à leur disposition pour y exercer leur culte, mais le Conseil municipal a déclaré qu'il n'y avait pas lieu à délibérer à ce sujet, et vous en avez écrit au Conseiller d'Etat chargé des affaires concernant les cultes. Vous avez cru voir dans la délibération du Conseil municipal le résultat d'une intrigue secrète pour humilier les protestants, et vous avez représenté dans votre lettre du 26 prairial, qu'il serait à désirer, non-seulement qu'on accueillit la demande des protestants, mais encore qu'on établit une église consistoriale à Nantes. Cet objet concerne exclusivement les attributions de M. le Conseiller d'Etat, et je ne puis que me référer à la détermination que, d'après vos observations, il jugera convenable de prendre.

» Je vous renouvelle l'assurance de ma considération.

» CHAPTAL. »

Trompé, ou tout au moins non éclairé par M. de Belleville, sur l'importance de l'Oratoire protestant de Nantes et sur le nombre des membres de cette religion, Portalis obtint, de l'empereur, un décret constituant pour Nantes et la Vendée une église consistoriale que les protestants ne demandaient pas, au moins ostensiblement. Je n'ai pas ce décret, et je ne sais si on pourra le découvrir à Nantes, mais j'en ai une analyse fidèle dans une lettre que M. de Belleville écrivit le 19 brumaire an XIII à Messieurs les membres du Consistoire.

CABINET DU PRÉFET. Nantes, 19 brumaire an XIII.

Belleville, Préfet du département de la Loire-Inférieure et l'un des commandants de la Légion-d'Honneur,

A Messieurs les Membres du Consistoire.

« Messieurs,

» J'ai l'honneur de vous prévenir que par son décret du 9 de ce mois, S. M. l'Empereur a établi une église consistoriale *à la Fosse, faubourg de Nantes.*

» Cette église doit être commune aux protestants des départements de la Loire-Inférieure et de la Vendée ; trois pasteurs y sont attachés. M. de Joux sera président, les deux autres exerceront leurs fonctions dans le département de la Vendée, sous la direction du Consistoire.

» Les protestants sont autorisés à exercer leur culte dans la ville de Nantes, *sans préjudice des cérémonies extérieures du culte catholique.*

» Je ne doute point que M. de Joux, qui a reçu l'ordre de rester à Paris, pour assister au couronnement de l'Empereur, ne vous ait donné avis des intentions de Sa Majesté. Elles sont une preuve nouvelle de son attention bienveillante pour le bonheur de tous les Français, et elles seront pour vous, Messieurs, un motif de plus de faire des vœux pour la conservation de son auguste personne.

» Je vous prie d'agréer l'assurance de ma considération distinguée.

» BELLEVILLE. »

« Je, soussigné, certifie que le dessus est une copie fidèle de la lettre adressée par M. le préfet de Belleville aux membres du Consistoire de l'église protestante de Nantes.

» A Nantes, le 18 mai 1831.

» WILSON,

» *Pasteur et Président du Consistoire.* »

Ainsi donc, l'église protestante de Nantes fut érigée en Consistoire, par décret du 9 brumaire an XIII, *dans le faubourg de la Fosse*, et avec les réserves les plus explicites en faveur des droits des catholiques, réserves toujours existantes, alors même que la population protestante de Nantes viendrait à atteindre ou à dépasser six mille âmes ; ce qui n'est pas.

Ce décret, relatif à Nantes, est du même mois et de la même année que celui relatif aux protestants de Caen, que j'ai rapporté plus haut, d'après Dalloz ; il a la même force, il est susceptible des mêmes interprétations.

La renonciation formelle de M. Pelloutier, au sein du Conseil municipal, nous est acquise aussi ; mais comme je sais le *Phare de la Loire* difficile et très-friand de preuves, je veux entrer, avec lui, encore en quelques détails.

Au mois de prairial an XIII, un protestant mourut, et aussitôt le président du Consistoire en avertit le Maire, et le Maire, le Préfet.

Le Préfet envoie cette note à la municipalité :

« Le décret impérial qui a établi une église consistoriale à Nantes, qui a nommé un président du Consistoire pour résider dans cette commune, autorise l'exercice du culte protestant dont les inhumations font partie.

» Cependant, le Préfet pense que, pour éviter tout inconvénient, il convient d'éviter un trop grand appareil. M. le président ou l'un de ses délégués pourrait donc accompagner le corps avec quelques membres de la famille ; deux agents de la Mairie pourraient suivre le convoi.

» Le Préfet, au surplus, va, pour l'avenir, demander les ordres de Son Excellence le Ministre des cultes. »

En effet, le Préfet écrivit au Ministre, le 11 prairial an XIII, ce qui suit :

« Monseigneur,

» Hier, le Directoire de l'église consistoriale de Nantes prévint M. le Maire qu'un protestant était décédé, en demandant si on pouvait conduire le corps au temple, et, après les prières d'usage, le transporter au lieu des inhumations, accompagné de sa famille et du président dudit Consistoire.

» Comme jusqu'à présent l'inhumation des protestants a toujours été faite avec tranquillité, je ne vis dans cette demande, qui me fut communiquée par le Maire, qu'un changement occasionné par la présentation au temple du corps et l'assistance au convoi du ministre de ce culte.

» J'ai l'honneur de remettre à Votre Excellence la réponse que j'ai faite, et je la prie de me faire connaître si elle est conforme à ses intentions.

» Cette cérémonie funèbre s'est, au surplus, passée avec calme et décence.

» J'ai, etc. »

Portalis répondit :

Paris, 17 prairial an XIII.

« Monsieur, j'ai reçu, avec la lettre que vous m'avez fait l'honneur de m'écrire le 11 du courant, sur l'inhumation du corps d'un protestant de la communion réformée, celle que la circonstance vous a déterminé d'écrire au Maire de Nantes.

» Je ne vous louerai pas, Monsieur, d'avoir parfaitement saisi l'esprit de la loi du 18 germinal, ni d'avoir tiré une conséquence aussi simple que naturelle de l'établissement d'un Consistoire à Nantes, mais j'applaudis infiniment à la mesure modeste et décente que vous avez prescrite à cette occasion.

» Ce mode, que je m'étais proposé d'adopter, me paraît d'autant plus sage qu'il est conforme aux principes d'une raison éclairée et parfaitement approprié au système religieux des protestants.

» Veuillez, Monsieur, avec le témoignage de ma satisfaction personnelle, recevoir l'assurance de ma considération la plus distinguée.

» Portalis. »

Ainsi donc, modestie, tel doit être le caractère de l'établissement protestant de Nantes au vis-à-vis des catholiques.

Cependant l'église consistoriale se mit en quête d'un local ; par requête, signée Molles, Pelloutier et Dumoustier, les membres du Consistoire demandèrent à M. de Belleville son intervention pour obtenir du gouvernement, soit l'église de l'Oratoire ou celle des Irlandais, ou enfin tout autre local qui puisse se trouver à la disposition du gouvernement, et si, contre toute attente, l'une des deux ci-dessus indiquées ne pouvait être mise à leur disposition, ils réclamaient ses bontés pour les faire autoriser à traiter aux frais du département de tout autre édifice convenable à l'emploi auquel ils le destinaient. C'était l'ancienne demande repoussée par le Conseil municipal de Nantes, qui se représentait devant le Préfet.

L'Oratoire et les Irlandais furent refusés sans doute, car les vues des protestants se portèrent sur l'ancienne chapelle des Carmélites. Le ministre des cultes en fut instruit, et écrivit à ce sujet au Préfet de Nantes une lettre qui a une grande importance dans le débat qui nous occupe.

Paris, le 14 nivôse an XIII.

Le Ministre des cultes, grand-officier de la Légion-d'Honneur,
A M. le Préfet de la Loire-Inférieure, à Nantes.

« Monsieur,

» Je viens d'apprendre que les protestants de Nantes ont le projet d'établir l'exercice de leur culte dans l'ancienne église des Carmélites, voisine de la Cathédrale.

» Ce temple est mal choisi, et ce voisinage ne saurait être approuvé par le gouvernement, parce qu'il peut en résulter des inconvénients graves et qu'il est essentiel de prévenir.

» En effet, si l'exercice de l'un et de l'autre culte se faisait par exemple aux mêmes heures, le concours des catholiques et des protestants, vers un même point et à la même heure, pourrait donner occasion à des rivalités, à des sarcasmes, à des disputes et à des troubles qu'il est facile de prévoir et nécessaire de prévenir.

» Lorsque le gouvernement a jugé à propos d'établir une église consistoriale *dans un des faubourgs de Nantes*, et qu'il a permis aux protestants d'exercer leur culte dans l'intérieur de cette ville, il a voulu essentiellement faire le bien de tous sans nuire à l'intérêt de personne.

» Par cette mesure, le gouvernement a eu particulièrement pour objet *d'être juste* envers les protestants et *de ne point nuire à l'exercice extérieur du culte des catholiques.*

» Vous sentez, Monsieur le Préfet, qu'il suffit d'entrevoir ce qui pourrait contrarier ces vues de sagesse pour prendre les mesures nécessaires à en assurer l'exécution, parce qu'il est bien plus facile et plus doux d'assurer l'ordre que de le rétablir.

» Les protestants de Nantes, qui ont un très-bon esprit et qui sont dirigés par un ministre éclairé, sentiront donc la nécessité de se réunir dans un local plus commode, et dont le voisinage moins incommode pour les catholiques pourra leur être également utile sans présenter aucun des inconvénients qui pourraient résulter de l'exécution de leur projet actuel.

» J'écris, par le même courrier, sur cet objet, au président du Consistoire, et je ne doute pas qu'avec votre concours, Monsieur, les protestants de Nantes ne renoncent à leur projet, et ne fassent un choix plus convenable, et je puis dire plus relatif à leur véritable intérêt.

» J'ai l'honneur de vous saluer avec une considération distinguée.

» Portalis. »

Cette lettre est importante, ai-je dit. — Elle rappelle d'une manière formelle les conditions auxquelles le titre d'église consistoriale a été concédé aux protestants de Nantes. — Ce Consistoire n'est légalement établi que dans *un faubourg*, et si le culte peut avoir lieu dans l'intérieur de la ville, c'est à la condition *expresse qu'il ne nuira en rien à l'exercice extérieur du culte des catholiques*.

Le *Phare de la Loire* s'est donc trompé en donnant une interprétation restrictive à un acte qui ne l'est pas.

Mais continuons cette étude historique.

M. de Belleville avait agi plus promptement que n'avait voulu le ministre, aussi reçut-il une lettre où le mécontentement de Portalis éclate à chaque mot.

Paris, le 9 pluviôse an XIII.

« Monsieur, lorsque j'eus l'honneur de vous écrire, le 14 nivôse dernier, je le fis sur des réclamations d'après lesquelles j'avais lieu de craindre que le local des Carmélites, trop voisin de la Cathédrale, n'occasionnât des rixes entre ceux qui professent les deux cultes.

» De pareilles réclamations pouvant intéresser la tranquillité publique, je dus donc inviter les protestants à ne pas réaliser leur projet d'acquisition, et à faire un choix moins sujet à inconvénients.

» J'ignorais alors que l'acquisition des Carmélites fut consommée, et je ne concevais pas pourquoi on avait fait choix d'un local si éloigné de la population protestante et si rapproché de la Cathédrale.

» Il me paraît, Monsieur le Préfet, que vous auriez pu faire à ce sujet des représentations aux protestants auxquelles ils auraient assurément déféré.

» Quoi qu'il en soit, puisque leur acquisition est consommée, il est juste que les protestants en jouissent, et c'est maintenant à vous à leur en assurer la paisible jouissance en prévenant des troubles que ma sollicitude a dû craindre.

» Vous vous plaignez, Monsieur le Préfet, de n'avoir pas été consulté sur l'établissement de plusieurs oratoires catholiques. J'aurai l'honneur de vous observer à ce sujet que ces oratoires ont été établis pendant l'administration de votre prédécesseur et de son consentement, et M. l'Évêque m'a ajouté qu'il avait eu l'attention de vous les faire connaître. Au surplus, le nombre de ces oratoires n'est que de six, dont quatre établis en faveur d'ex-religieuses autorisées à vivre en commun, par l'impossibilité de pouvoir exister séparément, vu la modicité de leur pension. Le cinquième a été accordé à un prêtre octogénaire et impotent, auquel on ne pouvait refuser de dire la messe dans sa chambre, et le sixième à la dame Thalhouët, parente d'une dame de ce nom, attachée à Sa Majesté Impériale.

» Vous devez sentir, Monsieur le Préfet, l'indispensable nécessité de ces établissements, qui n'ont, jusqu'aujourd'hui, excité aucune plainte.

» Quant à l'installation du Consistoire, je m'en rapporte absolument à votre sagesse pour tout ce que vous jugerez décent et convenable de faire à cet égard.

» J'ai l'honneur de vous saluer avec une considération distinguée.

» Portalis. »

Les protestants s'établirent donc, on le voit, un peu malgré le ministre Portalis, dans l'intérieur de la ville; du reste, ils y vécurent en bonne intelligence avec les catholiques. M. Frédéric Molles, leur premier pasteur provisoire, après avoir donné sa démission, avait été remplacé, on se le rappelle, par M. Pierre de Joux, pasteur et professeur à Genève, élu le 5 vendémiaire an XIII, et installé le 8 pluviôse. Ce Monsieur de Joux était un homme éclairé et qui a laissé après lui les meilleurs souvenirs. Nous avons de lui une pièce qui prouve sa droiture ; c'est un état nominatif très-détaillé des protestants habitant alors Nantes et le département, état dressé en suite d'une demande faite par le Ministre de l'Intérieur, M. de Montalivet. Cet état est du 9 septembre 1811 ; il en résulte que les protestants étaient bien loin alors d'atteindre le chiffre de six mille ou même de quinze cents ; ils étaient deux cent quatre-vingt-trois, et encore y aurait-il eu grandement à retrancher, dans ce nombre.

Au surplus, voici la déclaration que M. de Joux inscrit au bas de son travail :

« J'ai fait ce recensement avec le plus grand soin ; j'y ai inséré depuis les enfants à la mamelle jusqu'aux octogénaires, et non-seulement les protestants domiciliés, mais encore les commis et les domestiques qui sont itinérants et n'appartiennent point proprement à l'église réformée de Nantes (1).

» Je dois ajouter à cette observation que nous ne connaissons aucun protestant dans le département de la Loire-inférieure, qui ne soit domicilié ou séjournant dans la commune de Nantes et, par conséquent, nous n'avons eu aucune division à suivre relativement aux communes.

» Je certifie l'état nominatif des personnes réformées de Nantes, conforme à la vérité, et fait avec la plus scrupuleuse exactitude.

» Pierre de Joux,

» *Président du Consistoire de Nantes.* »

M. de Joux quitta Nantes au commencement de 1816 (2) ; il fut remplacé par M. Wilson.

Cependant les protestants de Nantes, émus de leur petit nombre, paraissent avoir craint que leur église consistoriale érigée, en effet, par suite d'une grande condescendance du pouvoir, et il faut le dire, contrairement aux articles 16 et 28 de la loi de germinal an X (3), ne

(1) La famille de M. de Joux y est pour sept personnes, ils étaient étrangers à Nantes. J'en dirai autant pour le préfet, le baron Van-Styrum, sa femme, ses trois fils, ses trois filles, la gouvernante de ses enfants, deux domestiques, et Mlle Hodson, probablement institutrice ; en tout douze personnes étrangères.

(2) M. de Joux finit par se convertir au catholicisme. (Voir à la fin de cet opuscule.)

(3) Art. 16. Il y aura une église consistoriale par six mille âmes de la même communion. Art. 28. Aucune église ne pourra s'étendre d'un département dans un autre.

courût quelque danger ; aussi refusèrent-ils de faire passer à M. de Brosses, préfet de la Loire-Inférieure, les renseignements qu'il leur demandait conformément aux ordres du Ministre pour arriver à un recensement.

En voici la preuve :

Nantes, 9 janvier 1820.

« Monsieur,

» J'ai l'honneur de vous adresser ci-joint l'extrait du registre des délibérations du Consistoire de l'église réformée de cette ville, que je viens de recevoir.

» Quelque mal fondées que soient les inquiétudes dont il est fait mention, il n'en est pas moins vrai que le dénombrement des protestants, demandé dans ce moment, en a fait naître de très-vives chez un grand nombre de fidèles de cette communion.

» J'ai l'honneur, etc.

» WILSON. »

Suit l'extrait :

« M. le président Wilson met sous les yeux de Messieurs du Consistoire une lettre qui lui a été adressée par M. le Maire de Nantes, à la prière du Préfet du département, le 24 décembre dernier, et dont l'objet est d'inviter M. Wilson, en sa qualité de président du Consistoire, à faire dresser, concurremment avec les autres membres du Consistoire, un état nominatif et individuel de la population protestante de la ville de Nantes, pour cet état être ensuite transmis à Son Excellence le Ministre de l'intérieur. Messieurs du Consistoire, prenant cette lettre en considération, ont pensé qu'ils ne pouvaient acquiescer à la demande de M. le Maire sans s'exposer à de graves reproches de la part de leurs co-religionnaires, dont plusieurs ont déjà conçu de vives alarmes en suite de l'appel inusité qui vient d'être fait au Consistoire. M. le président, en transmettant à M. le Maire une expédition du présent procès-verbal, lui exprimera les regrets du Consistoire de ne pouvoir fournir les listes demandées. »

Ainsi, le Consistoire de Nantes refusait en 1820, sous prétexte que c'était une mesure inusitée, de fournir un état que déjà précédemment M. de Joux avait dressé et fourni en 1811. On ne voit pas d'ailleurs par les faits subséquents que les craintes dont il est question fussent fondées. Cependant cela passa dans les traditions, et sur une demande semblable de renseignements adressée par le Préfet, le 26 avril 1830, au Consistoire, on répondit par un nouveau refus, tout en évaluant *approximativement* le nombre des protestants à trois mille trois cents.

La révolution de Juillet eut lieu, amenant à sa suite une explosion au moins momentanée des passions anti-religieuses. Le sac de l'archevêché de Paris et le bris des croix excita le zèle des soi-disant libéraux de province. Nantes avait les siens, peu nombreux mais d'autant plus ardents qu'ils étaient en plus petit nombre. Vite on se mit en besogne et l'on demanda la permission de déplanter les croix, et l'interdiction pour les Processions de fouler le sol des rues de la grande ville catholique. Pour ce soin, on eut recours aux protestants, qui refusèrent de s'associer à ces dénonciations et à ces mesures méchantes. C'est alors que M. Wilson transcrivit pour la Mairie mise en demeure, la lettre de M. de Belleville, dont nous avons donné la copie plus haut; mais il y ajouta cette note qui a bien son importance et que je consigne ici comme un engagement nouveau des protestants au vis-à-vis des catholiques, et comme un témoignage des égards qui ne cessèrent jamais d'exister entre les deux cultes, malgré les excitations de la haine anti-chrétienne :

Nantes, 18 mai 1831.

« M. Wilson a l'honneur de faire passer à M. Luther copie de la lettre de Monsieur le Préfet aux membres du Consistoire. C'est tout ce qu'il a trouvé dans nos archives qui soit relatif à l'objet dont il est question, mais il pense que cette lettre suffit.

» *Il n'est point de protestant sensé qui puisse, dans les circonstances actuelles, s'élever contre l'exercice extérieur du culte catholique.* »

En 1848, l'*Ami de la Charte*, devenu le *National de l'Ouest*, reprit sa campagne contre les Processions; elle fut malheureuse. M. Vaurigaud, pasteur et président du Consistoire, crut devoir prendre part au débat. Il déclara dans une lettre adressée au journal *Le Breton*, et qu'un autre journal de Nantes, l'*Alliance*, reproduisit dans son numéro du 7 juin, que les protestants de Nantes *ne réclamaient pas* contre les Processions, quoiqu'ils fussent mieux placés que jamais pour le faire avec succès ; ce en quoi M. le pasteur Vaurigaud se trompait, ainsi que je l'ai démontré.

De leur côté, les juifs ne restèrent pas silencieux, et leur ministre officiant écrivit au *Breton* cette belle lettre, que le même numéro de l'*Alliance* contient, et que je transcris ici avec un extrême plaisir :

« Monsieur le rédacteur,

» Les Israélites n'oublieront jamais que c'est à la généreuse initiative de la Révolution française qu'ils doivent d'avoir une patrie et l'entière liberté de conscience ; à ce titre tous les Français sont nos *frères* bien-aimés.

» Loin de songer à gêner jamais en rien l'exercice du culte catholique chrétien, qui est celui de la pluralité de nos concitoyens, serviteurs sincères de Dieu, nous ne pouvons voir qu'avec respect toute manifestation susceptible de développer des sentiments religieux dans les cœurs. Croyez donc, Monsieur le rédacteur, que *nous ne nous prévaudrons jamais d'aucune loi pour mettre obstacle aux pompes extérieures de la religion catholique*, et loin d'entraver les cérémonies extérieures de la Fête-Dieu, nous remercions sincèrement M. Simon qui, dans sa lettre du 25 mai, a été l'interprète fidèle des dispositions constantes de fraternité de tous les Israélites nantais envers leurs chers concitoyens.

» Agréez, etc.

» A. Levy,

» *Ministre officiant du culte israélite, à Nantes.* »

Ainsi, les excitations du *National de l'Ouest,* aujourd'hui *Phare de la Loire,* déclinées par le ministre protestant, étaient hautement rejetées par les juifs.

J'ai donc eu raison de dire que le *Phare* parle en son nom propre, sans droit et sans mission.

Je sens le besoin de résumer toute cette discussion.

Aux termes de l'article 1er du Concordat, qui est la loi primitive et toujours subsistante, « la religion catholique, apostolique et romaine sera *librement* exercée en France et son culte sera *public*, en se conformant aux règlements de police que le gouvernement *jugera* nécessaires pour la tranquillité publique. »

Ces règlements destinés à assurer la liberté et la publicité du culte catholique ont été faits, c'est ce que l'on appelle les *articles organiques*, ou autrement, la loi du 18 germinal an X.

A la différence du Concordat émané de deux parties contractantes, la loi de germinal est émanée du gouvernement seul. C'est, comme il l'a déclaré, une simple loi de police, susceptible d'être interprétée par celui qui l'a faite. On a vu comment Portalis, ministre des cultes sous l'Empire, n'a cessé de l'interpréter et de l'appliquer. Si l'on venait nous objecter que cette interprétation après la loi n'est pas conforme à la pensée du législateur, je fournirais la preuve du contraire en transcrivant ces paroles de M. Siméon, rapporteur de cette loi devant le Tribunat.

Il disait en séance du 17 germinal an X, ces propres paroles : « La pompe des cérémonies sera retenue plus ou moins dans les temples, selon *que le gouvernement* JUGERA que les localités permettent une plus grande publicité ou qu'il faut respecter l'indépendance et la liberté des cultes différents. » Le rapporteur reconnaissait donc au gouvernement un pouvoir facultatif de juger, et le Tribunat, en ne s'opposant pas à la promulgation de cette loi, adopta l'interprétation qu'on lui en donnait. La loi fut promulguée le lendemain.

Que si le *Phare* nous objecte encore la lettre de l'article 45, je lui répondrai par celle des articles 16 et 28 ; suivant la lettre de ces articles, les protestants n'étant point au nombre de six mille âmes de la même communion dans la ville de Nantes, et d'autre part, aucune église ne pouvant s'étendre d'un département dans un autre, l'église consistoriale de Nantes, ou plus réellement du *faubourg de Nantes,* serait illégalement constituée ; par conséquent, l'article 45 serait *sans force contre nous.* — Mais nous reconnaissons au gouvernement le droit de juger et d'apprécier ; il a jugé bon d'accorder aux protestants de Nantes, en brumaire an XIII, quoiqu'ils fussent à peine deux cent cinquante, *la faveur* d'une église consistoriale ; nous ne réclamons pas contre, mais nous voulons qu'on s'en tienne aux conditions expresses qui ont été mises par le gouvernement à cette faveur, conditions que les protestants de Nantes avaient posées eux-mêmes, qu'ils ont acceptées et auxquelles ils ont constamment déclaré vouloir se tenir. Que si on venait à ne plus vouloir les observer aux termes du Concordat et des articles organiques, les protestants qui, d'après le dernier recensement, ne sont à

Nantes qu'en très-petit nombre, auraient tout à perdre, et les catholiques rien à craindre, assurément.

Le *Phare* est-il content de la campagne qu'il vient de faire?

Le *Phare de la Loire* gâte les causes dont il se fait le défenseur officieux; il nous sert en attirant notre attention sur ce point pour nous défendre; il nous a fait voir jusqu'au fond.

Au fond, nous avons pour nous, non pas une tolérance, mais UN DROIT.

De par la loi et le législateur, que le *Phare* a pris pour juge, les Processions ont le droit de parcourir « avec une lenteur majestueuse » les rues de la cité, et quant à lui, s'il proteste, il proteste contre la loi qu'il a invoquée.

Eh! bien, savez-vous ce que vous nous avez appris sans le vouloir; je vais vous le dire.

Vous nous avez appris ce qui nous serait légalement dû.

IV.

J'ouvre le *Bulletin des Lois*, et à la date du 24 messidor an XII, je trouve un décret impérial relatif aux cérémonies publiques, aux préséances et aux honneurs civils et militaires. Le titre II est consacré à quoi? — Au Saint-Sacrement.

Je le copie en entier. C'est peut-être long, mais c'est instructif.

« Article 1er. Dans les villes où, en exécution de l'article 45 de la loi du 18 germinal an X, les cérémonies religieuses pourront avoir lieu hors des édifices consacrés au culte catholique (et je viens de vous prouver que Nantes est dans ce cas), lorsque le Saint-Sacrement passera à la vue d'une garde ou d'un poste, les sous-officiers et soldats prendront les armes, les présenteront, mettront le genou en terre, inclineront la tête, porteront la main droite au chapeau, mais resteront couverts : les tambours battront aux champs; les officiers se mettront à la tête de leur troupe, salueront de l'épée, porteront la main gauche au chapeau, mais resteront couverts; le drapeau saluera.

» Il sera fourni du premier poste devant lequel passera le Saint-Sacrement, au moins deux fusiliers pour son escorte. Ces fusiliers seront relevés de poste en poste, marcheront couverts près du Saint-Sacrement, l'arme dans le bras droit.

» Les gardes de cavalerie monteront à cheval, mettront le sabre à la main; les trompettes sonneront la marche; les officiers, les étendards et guidons salueront.

» Art. 2. Si le S.-Sacrement passe devant une troupe sous les armes, elle agira ainsi qu'il vient d'être ordonné aux gardes ou postes.

» Art. 3. Une troupe en marche fera halte, se formera en bataille et rendra les honneurs prescrits ci-dessus.

« Art. 4. *Aux Processions* du Saint-Sacrement, les troupes seront mises en bataille sur les places où la Procession devra passer. Le poste d'honneur sera à la droite de la porte de l'église par laquelle la Procession sortira. Le régiment d'infanterie qui portera le premier numéro prendra la droite; celui qui portera le second, la gauche; les autres régiments se formeront ensuite alternativement à droite et à gauche : les régiments d'artillerie à pied occuperont le centre de l'infanterie.

» Les troupes à cheval viendront après l'infanterie. Les carabiniers prendront la droite, puis les cuirassiers, ensuite les dragons, chasseurs et hussards.

» Les régiments d'artillerie à cheval occuperont le centre des troupes à cheval.

» La gendarmerie marchera à pieds, entre les fonctionnaires publics et les assistants.

» Deux compagnies de grenadiers escorteront le Saint-Sacrement; elles marcheront en file à droite et à gauche du dais. A défaut de grenadiers, une escorte sera fournie par l'artillerie ou par des fusiliers, et, à défaut de ceux-ci, par des compagnies d'élite des troupes à cheval, qui feront le service à pied.

» La compagnie du régiment, portant le premier numéro, occupera la droite du dais; celle du second, la gauche.

» Les officiers resteront à la tête des files. Les sous-officiers et soldats porteront le fusil sur le bras droit.

» Art. 5. L'artillerie fera trois salves pendant le temps que durera la Procession, et mettra en bataille sur les places ce qui ne sera pas nécessaire pour la manœuvre du canon. »

Ces articles sont précis.

Ils sont encore exécutés en partie.

Sous l'empire de Napoléon, auteur de la loi que vous prétendez tourner contre nous, l'artillerie tonnait du haut du château. Si elle se tait sous le second empire, ce n'est pas une raison pour dire que l'article de loi qui lui donnait la parole est abrogé.

Ce silence est un oubli, sans doute.

Nous ne nous plaignons pas d'ailleurs, nous autres catholiques, nous ne faisons que vous répondre et vous démontrer, preuves en main, que vous ignorez la loi.

Vos amis qui affectent de rester couverts devant le Saint-Sacrement et qui veulent narguer ainsi la masse de leurs concitoyens, ces héros du chapeau enfoncé se trompent aussi quand ils affirment qu'ils ont le droit de leur inconvénance.

Voici ce qui se trouve dans Dalloz (tome XIV, page 725) :

« Quant aux citoyens, si l'on ne peut les contraindre à des actes individuels, on peut exiger d'eux du respect pour les cultes établis.

« Il faut que l'on ait pour l'exercice de chaque culte, disait à ce sujet Portalis dans un rapport à l'empereur, du 14 prairial an XIII, l'attitude de décence qu'exige toute institution que la loi protège. La décence n'est pas un sentiment religieux ni un assentiment au culte, dont on ne doit pas gêner la liberté, c'est un devoir que contracte tout homme vivant en société, pour les objets extérieurs et publics qui sont consacrés par la police générale. Les actes de croyance et de piété religieuse sont libres, on ne peut les contraindre ni les forcer. Mais l'*attitude de décence* que l'on doit avoir dans toute cérémonie publique, et les *égards* que les hommes se doivent entre eux pour les différentes choses dans lesquelles ils sont respectivement autorisés par la loi, *sont des obligations proprement dites que l'on ne peut enfreindre sans désobéir à la loi et sans troubler le bon ordre.* »

Nous ne vous demandons pas de vous agenouiller et d'adorer, nous vous demandons du silence et de la politesse. Vos aimables jeunes gens et votre ferblantier ignoraient sans doute qu'ils pouvaient aller coucher au *violon.* Quant au *Phare*, il a protesté tout bas.

Le *Phare,* qui pousse les autres en avant ou les soutient, connaît donc la loi ?

J'ai cru quelque temps le contraire ; je me plaisais à lui faire une excuse de cette ignorance, mais il me faut y renoncer. Le *Phare* n'est pas d'hier ; il y a trente-cinq ans il s'appelait l'*Ami de la Charte,* journal de la Liberté, de l'Egalité et de l'Association.

Or, il y a trente-cinq ans l'*Ami de la Charte* soutenait la thèse libérale que le *Phare* son fils soutient aujourd'hui. Voyez plutôt cette correspondance que je lis dans un numéro de ce journal qu'on croyait égaré sans doute, et que j'ai retrouvé (1) :

A Monsieur le Maire de Nantes.

« Monsieur le Maire,

» Dans un gouvernement libre, respect et force doivent toujours rester à la loi.

» Contrairement aux dispositions du Concordat de 1802, les Jésuites ont élevé, sous le règne de Charles le parjure, d'énormes croix, dites de Mission, dans le seul but de rallier à leurs désastreuses doctrines les âmes assez faibles pour croire à la piété sincère d'hommes qui faisaient, de la religion, métier et marchandise.

» Le Concordat de 1802 est toujours en vigueur sous le régime de l'heureuse Constitution qui nous régit.

» Nous venons, aujourd'hui, réclamer son exécution, en vous priant de donner les ordres nécessaires pour faire enlever, dans le plus bref délai possible, ces monuments de l'hypocrisie religieuse d'un gouvernement ennemi des droits de la nation.

» La tranquillité publique exige même impérieusement cette salutaire mesure, car, s'il est du devoir des magistrats de la loi, de veiller à sa stricte exécution, il leur appartient aussi de ne laisser aucun prétexte à la malveillance.

» Nous sommes, etc.

» *Suivent 25 signatures.* »

(1) Supplément à l'*Ami de la Charte,* du 25 février 1831.

Le Maire eut la bonhomie de s'effrayer des exigences impérieuses de ces vingt-cinq sauveurs de l'ordre public, et il écrivit au Préfet :

Nantes, 21 février 1831.

« Monsieur,

» Une réclamation, qui m'est adressée par 25 à 26 habitants de cette ville, a pour objet de faire déplacer des lieux où elles existent les croix dites de Mission. Cette demande est d'une importance qui me semble tout-à-fait dans les attributions de la haute police, et je crois devoir, en conséquence, vous l'adresser.

» Je suis, etc.

» *Signé :* Soubzmain. »

Le Préfet répondit :

Nantes, le 22 février 1831.

« Monsieur le Maire,

» Je reçois à l'instant la lettre que vous m'avez fait l'honneur de m'écrire pour me prévenir que quelques habitants de cette ville, dont je ne veux pas soupçonner les intentions, mais qui n'ont pas assez réfléchi aux nombreux inconvénients qu'entraînerait la mesure qu'ils sollicitent, ont demandé à l'Administration municipale l'ordre de faire rentrer dans l'intérieur des églises les croix qui ont été placées à l'extérieur.

» Vous avez pensé devoir, sur cette demande, en référer à mon autorité.

» Le Préfet ne peut, jusqu'à l'abrogation des lois existantes, le permettre, et doit faire connaître à ses concitoyens les motifs de son refus.

» L'existence de ces croix n'est pas une contravention à la loi. Le Concordat de 1802 n'a rien qui conduise, même indirectement, à une telle conclusion, et la Charte de 1830 ne permet pas de les enlever.

» L'autorité a dû faire disparaître les emblêmes politiques qui leur avaient été mal à propos ajoutés ; par là, elle n'a fait que rendre à ces monuments leur simplicité et même leur véritable et primitive institution. Là aussi se borne son droit.

» Les pétitionnaires n'ont certainement pas songé aux prétextes qu'ils fourniraient à la malveillance des hommes connus par leurs efforts pour troubler l'ordre public; ils ne manqueraient pas de présenter cette mesure comme le signal d'une persécution, et d'alarmer les consciences faibles et mal éclairées.

» Voici ce que disait Napoléon dans sa proclamation du 27 germinal an X :

« Français, du sein d'une révolution inspirée par l'amour de la » patrie, éclatèrent au milieu de nous des dissentions religieuses » qui devinrent le fléau de vos familles, l'aliment des factions et » l'espoir de vos ennemis. Une politique insensée tenta de les » étouffer sous les débris des autels; les opinions se soulevérent, » et bientôt égarées par les ennemis du dehors, leur explosion porta » le ravage dans nos départements. »

» Les Français de 1830 sont aussi inspirés par l'amour de la patrie; mais éclairés par les malheurs de leurs pères, ils se garderont bien de donner dans les écueils *de cette politique insensée.*

» Le plus populaire des rois (!) vient encore de nous le rappeler : *Sans l'amour de l'ordre, sans le respect des lois, il n'y a pas de liberté possible.* Et quelle population est plus que celle de Nantes en état d'apprécier cette vérité !

» Recevez, etc.

» *Le Préfet de la Loire-Inférieure,*

» Signé : SAINT-AIGNAN.

» Pour copie conforme :

» *Le Maire de Nantes,*

» SOUBZMAIN. »

Donc, nous conservâmes nos croix, M. le préfet de Nantes ayant jugé que la proposition que vingt-cinq ou vingt-six patriotes avaient été verser dans le sein de l'*Ami de la Charte* et que l'*Ami de la Charte* avait accueillie, émanait d'adeptes d'*une politique insensée.*

D'un autre côté, nous conservâmes nos Processions, M. le pasteur Wilson ayant déclaré le 18 mai suivant qu'aucun protestant *sensé* ne pouvait vouloir s'y opposer.

Nous ne perdîmes que nos salves d'artillerie; ce fut là tout ce qu'on fit pour vous.

Vous savez tout cela aussi bien que moi, et bien des choses encore, car vous avez la collection de l'*Ami de la Charte* qui est loin d'être complète à la Bibliothèque de la ville. Pourquoi donc remettez-vous sans cesse sur le tapis une question irritante, jugée cent fois et jugée contre vous personnellement ?

Pourquoi ! Je vais vous le dire.

Le *Phare de la Loire* attaque sans cesse, et toutes les fois qu'on lui répond, il crie, non pas des raisons, mais..... des clameurs. — C'est un pléonasme, je le sais, et je m'y tiens, ne voulant pas que le *Phare* m'accuse de me servir d'un mot malséant à son endroit. — Il jette des phrases sonores, des dates célèbres, des mots bizarrement contournés et accouplés, et il termine par des poussées d'enthousiasme fervent pour l'immortelle Révolution et pour les héros de 92 et de 93.

Je veux croire son admiration sincère, et c'est dans cette sincérité que je trouve la cause du phénomène que nous présente le *Phare*. Quand on admire, on veut imiter ; le *Phare* imite les héros de 92 et de 93.

Il les imite dans leur style et dans leur manière de penser et d'agir autant qu'il est donné au *Phare* de mettre ses admirations en pratique.

Quelle différence y a-t-il entre ce début d'un compte-rendu, fait en 1793, d'une procession célébrée en l'honneur de la déesse Raison et les articles que le *Phare* n'a cessé de produire sur les cérémonies religieuses depuis sa naissance jusqu'en 1866 ?

« Autrefois, sous le règne de la *calotinocratie*, c'était par des cérémonies sombres et lugubres, par des momeries absurdes, que nos pieux tyrans nous attachaient à leur joug insupportable et nous préparaient à recevoir les mensonges dont ils ont infecté toute la terre. Aujourd'hui, sous le règne des Sans-Culottes, c'est par les élans d'une joie pure, c'est par des danses folâtres, par des chants patriotiques que nous savons rendre hommage à la vérité et la faire passer dans tous les cœurs. C'est ainsi que les républicains de Vincent-la-Montagne ont célébré la troisième décade de brumaire par la fête de la Raison.

» ..... Alors paraissait un grand nombre de musiciens qui faisaient retentir l'air par des hymnes chéris de la liberté. Il était suivi d'une charrue attelée de quatre bœufs, sur laquelle étaient confusément épars les titres de féodalité, lettres de prêtrise, d'avocacerie, de procuracerie, des portraits de ducs, princes, évêques, etc. Un vénérable vieillard, tenant en ses bras une gerbe de blé, était accompagné de six enfants qui foulaient aux pieds les attributs de notre esclavage et tenaient en leurs mains des instruments aratoires.

» A la droite paraissait Carrier..... » (1) Je m'arrête et vous fais grâce de Carrier et du reste.

Convenez-en, ce style est absurde, cette fête est stupide et ne vaut pas nos Processions où ne figurent ni charrue, ni bœufs, ni Carrier. Si vous n'en convenez pas avec moi, je me consolerai en lisant M. Guépin qui me dit positivement : « Dans l'an VI, nos pères n'avaient plus ni la solennité des fêtes religieuses du moyen-âge, où le peuple classé par corps de métier suivait processionnellement ses prêtres, et s'estimait heureux d'avoir une bannière, de porter un cierge, d'entendre les chants religieux, le son des cloches, de respirer le parfum de l'encens, de voir passer nobles dames et gentilshommes, tous richement vêtus, ni l'enthousiasme des premiers jours de la Révolution. L'art réduit à la copie était froid et décoloré ; la société tout entière, embarrassée dans son allure, gênée de sa liberté, ne ressemblait pas mal aux saints de nos églises, que l'on avait affublé d'un bonnet rouge et d'une toge, pour en faire des Décius ou des Solon. Le doute politique tourmentait les esprits, l'on ne croyait plus à la république, et tout présageait la chute prochaine d'un gouvernement sans système, marchant au hasard de ses inspirations du jour, de ses caprices du moment, sans avoir un but fixe, ni unité de direction. » (2)

Le catholicisme a rendu au peuple ces fêtes que le peuple regrettait, que le peuple aime toujours, et dont M. Guépin nous fait un si charmant et un si fidèle tableau. — Vous, vous les lui enviez, vous voulez l'en priver, vous voulez nous ramener aux temps les plus lamentables de l'histoire de l'humanité en général, de notre ville en particulier! Attardé d'une époque néfaste et réprouvée, vous disputez

(1) Voir la paroisse et le quartier de Saint-Similien, par M. J.-C. Renoul, page 160.
(2) Histoire de Nantes, page 502.

au peuple ses joies et son Dieu ; vous le retenez autant que vous le pouvez le Dimanche, mais vous le lâchez le Mardi-Gras.

J'ai dit que vous imitiez, autant qu'il vous est donné de le faire, les façons de penser et d'agir de vos héros de 92 et de 93. Que faisaient-ils, en effet, ces héros ?

Ils dénonçaient.

Vous me dites de lire Edgar Quinet (1) ; je l'ouvre, et je lis :

« Sitôt que les révolutionnaires se furent créé dans le comité de salut public un pouvoir fort, ils l'adorèrent (2). »

« Les fonctionnaires nouveaux semblent des esclaves qui mènent des esclaves. »

« Si l'on veut voir à quel point les Français sont aisément éblouis par le pouvoir fort, il faut lire les historiens du Comité de salut public. Quelle complaisance ! quelle admiration sans bornes ! *Jamais, dans aucune histoire, l'autorité absolue n'a reçu un pareil culte.*

» L'éternel sophisme reparait : « Patience ! obéissez en aveugles ! vous aurez, plus tard, la liberté ! » En quoi cet esprit diffère-t-il de l'ancien (3) ? »

Sous la Terreur, « les intelligences paraissent s'abaisser subitement de plusieurs degrés ; La nuit se fait dans les esprits.

» Le despotisme de la Terreur eut pour premier résultat d'étouffer au-dedans les passions nobles et de déchaîner les petites. L'Envie parut la première ; elle joua un grand rôle ; car, l'égalité à laquelle on avait tout réduit n'était qu'apparente. En dépit des mots, il reste toujours une grande inégalité entre les bourreaux et les victimes, entre les proscripteurs et les proscrits.

» L'esprit de courtisan reparaissait aussi. Dès que Robespierre avait menacé, on le courtisait pour le désarmer. Hébert, Chaumette l'adulèrent, le caressèrent jusque sous le couteau de Fouquier-Tinville.

» La peur engendre la délation. Pour éviter d'être dénoncé, on se hâtait de dénoncer. Sitôt qu'un révolutionnaire était en péril devant le Comité, TOUS OU PRESQUE TOUS SE FAISAIENT SES ACCUSATEURS ;

(1) Numéro du *Phare*, du mardi 12 juin 1866.

(2) La *Révolution*, par Edgar Quinet, tome II, page 199.

(3) Id Page 200.

c'est une chose incroyable que l'infinité de crimes que l'on se vantait d'avoir découverts.

» Ainsi, la Terreur démoralisait la Révolution. Si elle eût pu durer, elle eût formé de la nation la plus ouverte de la terre une nation de délateurs (1). »

Et ce sont ces hommes que vous nous proposez pour modèles! Et ce sont ces temps et ces mœurs que vous regrettez!

« J'ai toujours été le premier à dénoncer mes amis, » s'écrie Camille Desmoulins, le journaliste émérite de la Révolution... Vous voyez que je ne vous parle que de ce qu'il y a de plus convenable... Je vous fais grâce d'Hébert, « l'homme déshonoré », et de Marat, dont « la fureur ne fut jamais mise en doute parce qu'il était la fureur même (2). »

Le *Phare de la Loire* en écrivant ces lignes : « Généralement on se cache pour commettre un délit ou une contravention; là, l'évêque de Nantes avise l'autorité préfectorale qu'il a l'intention de ne tenir aucun compte d'une loi, au contraire, et il prie le préfet de lui assurer les moyens de perpétreren paix l'illégalité qu'il médite, etc., » le *Phare de la Loire*, dis-je, a voulu se montrer digne des héros de 92 et de 93, et se donner les façons d'un accusateur public; il a, comme eux, dénoncé, mais il a dénoncé à faux : ses phrases étudiées contiennent autant d'erreurs dans l'appréciation des faits que d'inconvenances dans le choix étudié des mots.

(1) *La Révolution*, par Edgar Quinet. Tome II, pages 232-233.
(2) Même auteur. Pages 149 et 153.

NOTES.

Monsieur Pierre de Joux fut un écrivain distingué, et mieux que cela, un ministre éminent par ses vertus. C'est ce qui résulte des souvenirs qu'il a laissés à Nantes, et de cette pièce que je transcris en entier ;

Frédérich Molles, ministre du saint Evangile et pasteur de l'église réformée du département de la Loire-Inférieure,

A Messieurs les membres du vénérable Consistoire de ladite église, séant à Nantes.

« Messieurs,

» Appelé à desservir en qualité de pasteur plusieurs églises dont la situation champêtre et l'air pur et salubre est plus propre à raffermir ma santé chancelante que celui d'une grande ville, je prends la liberté de vous prévenir que je donne dès ce jour ma démission de la place de pasteur de l'église réformée de ce département, à laquelle le gouvernement m'avait fait la faveur de me nommer, faisant des vœux bien sincères pour que le digne pasteur qui me succédera puisse, par l'exemple de ses éminentes vertus et par l'exercice de ses talents distingués, réchauffer le zèle de ses paroissiens en faveur de la religion, et ramener le règne des bonnes mœurs, à la gloire de Dieu et à l'édification de l'Eglise de Christ ;

» Puissiez-vous, Messieurs, étant animés tous d'un même esprit dans l'unité de la foi, seconder ses efforts et mériter par là le titre honorable d'Anciens d'Eglise qui vous a été conféré pour l'avénement du règne de Dieu.

» Je vous salue avec une considération distinguée.

» *Signé* Molles, *ministre.*

» Nantes, le 2 vendémiaire an XIII, et le deuxième de l'Empire Français.

Trois jours après, le 5 vendémiaire, M. de Joux fut élu par le Consistoire ; cette élection fut confirmée par l'empereur le 23 du même mois ; il fut installé le 3 pluviôse suivant.

M. de Joux était un homme de conviction et de foi ; c'était aussi un homme d'étude et de combat ; il déplorait la confusion en laquelle il voyait tomber la réforme protestante, arrivant à n'avoir plus de croyance certaine sur rien. « A Genève même, dit le savant abbé Rohrbacker, les pasteurs évitaient de parler du péché originel et de la divinité de Jésus-Christ. Pierre de Joux, pour s'opposer à ce torrent de l'indifférence, publia en l'an 1803 un ouvrage en quatre volumes (*Prédication du Christianisme*), où il soutenait avec force les vérités de la foi, que les premiers protestants croyaient comme les catholiques, mais que leurs descendants abandonnaient successivement pour aller se perdre dans le déisme et l'incrédulité.

Son zèle pour l'ancienne croyance et contre les erreurs nouvelles était si connu que ses confrères, les pasteurs de Genève, lui offrirent trente louis par année, tant qu'il n'occuperait point de place ni ne prêcherait dans leur canton, dans la crainte qu'il ne prêchât avec trop d'ardeur la divinité de Jésus-Christ. »

C'est dans ces circonstances et précédé de cette réputation, que Pierre de Joux arriva à Nantes ; là, tout en remplissant ses devoirs, il continua ses études, et loin de se tenir à l'écart ou en état d'hostilité à l'égard des catholiques, il les fréquentait. En 1813, dit encore l'abbé Rohrbacker, dont les renseignements sont, on le voit, concordant avec les nôtres, dans une circonstance où il s'agissait de conversion, il faisait cette déclaration remarquable : « Pour moi, je blâmerais un catholique qui se ferait protestant, parce qu'il n'est pas permis à celui qui a le plus de chercher le moins ; mais je ne saurais blâmer un protestant qui se ferait catholique, parce qu'il est permis à celui qui a le moins de chercher le plus. »

Une autre considération qui frappait l'esprit de M. de Joux, était celle-ci : que le protestantisme ne tendait pas moins à renverser les royaumes et les empires que l'Église. « J'ai reconnu, dit-il, dans la préface d'un autre de ses ouvrages, que la révolution religieuse du XVIe siècle est la cause principale du bouleversement politique qui a éclaté en 1789. Je suis convaincu, en un mot, que l'esprit du protestantisme, essentiellement ami des nouveautés, de l'indépendance et de la liberté des opinions en matière de foi et de gouvernement, a produit la Révolution française, le plus vaste système de destruction qui ait été offert au monde épouvanté, et dont un concours inouï de circonstances sur lequel est empreint le doigt de Dieu, a pu seul nous sauver. »

Surpris de la fatale désunion qui sépare les catholiques des protestants, Pierre de Joux en chercha la cause et crut en trouver une dans les libelles impies que les sophistes du XVIIIe siècle avaient répandus contre le clergé, surtout contre le successeur de saint Pierre, contre le culte romain, les cénobites d'Italie et l'ordre sacerdotal.

« C'est par le centre même de la catholicité, dit-il, que ces esprits menteurs commencèrent leur œuvre de ténèbres. Ils n'ignoraient pas, ces hommes pervers, qu'en infectant de leur venin contagieux les sources d'où la religion se répand dans les âmes, ils inspiraient pour elle de l'indifférence ou de l'aversion. La plupart des relations de voyage d'Italie qu'ils publièrent, fourmillent de mensonges ; elles ne furent faites que pour avilir les prêtres, pour tourner les ordres monastiques en dérision, pour représenter comme des habitudes puériles et superstitieuses les saintes pratiques qui alimentent la dévotion. »

Pour réfuter ces mensonges et ces calomnies, Pierre de Joux donna sa démission de président du Consistoire de Nantes, et partit pour l'Italie, vers le commencement de 1816. A son retour, il se retira en Écosse, où il rédigea, en forme de lettres, les observations qu'il avait faites. Enfin, toujours pressé par une voix intérieure, qui l'appelait dans sein de l'Église véritable, il revint sur le continent et se décida à franchir un pas difficile. Il fit son abjuration le 11 octobre 1825 entre les mains de l'archevêque de Paris, tomba malade peu après et mourut, le 29 octobre, dans les sentiments les plus édifiants.

« Les *Lettres sur l'Italie* s'imprimaient quand la mort est venue le surprendre. Il est curieux d'y voir un président de Consistoire protestant, un ancien pasteur de Genève, justifier l'Église romaine de tous les reproches qu'on lui a faits, et l'en justifier, non-seulement par son propre témoignage, mais encore par le témoignage d'un grand nombre de protestants célèbres, la plupart ministres (1). »

(1) Histoire de l'Église. 3e édit. Tome XXVIII.

A M. Pierre de Joux, parti, ainsi que nous l'avons dit, en 1816, succéda, comme pasteur et président du Consistoire à Nantes, M. *Wilson*, lequel M. Wilson donna, lui aussi, sa démission et fut remplacé le 16 juillet 1832, par M. César Rosselet.

M. *César Rosselet* ayant donné sa démission, une élection eut lieu, et M. *Sohier (Jean)*, ancien pasteur de Montivilliers, fut agréé par le gouvernement ; l'ordonnance royale confirmative est du 14 avril 1847.

Le pasteur actuel, président du Consistoire de Nantes, est M. *B. Vaurigaud.*

A quel chiffre s'élève à Nantes le nombre des protestants, voilà ce qu'il a été, le plus souvent, fort difficile de savoir exactement.

En l'an XII, lorsque M. de Belleville voulut obtenir du Conseil municipal un vote favorable, on porta le nombre des habitants professant la religion réformée au chiffre approximatif de 1,500 à 1,800, mais on refusa de fournir aucune pièce justificative à l'appui.

En 1811, M. Pierre de Joux fit le dénombrement des protestants de Nantes et trouva qu'ils étaient 283.

En 1820, les protestants refusèrent au préfet, M. de Brosses, les renseignements qu'il demandait pour le recensement.

En 1830, même refus des protestants; le Consistoire évalua approximativement le nombre des protestants à 3,300.

En 1851, dans sa séance du 19 novembre, le Conseil municipal de Nantes, sur la proposition du Maire, alloua une somme de 25,000 fr. sur les fonds communaux pour aider à la construction d'un nouveau temple. M. le Maire Colombel, pour justifier cette demande, affirma ou supposa que les protestants étaient au moins au nombre de 2,000; mais, il résulte du recensement officiel, fait en 1851, qu'ils n'étaient que 387, se divisant en :

231 calvinistes.
156 luthériens.

Total. . . 387 (1)

Aujourd'hui, d'après le recensement qui vient d'être fait, les protestants ne sont pas à Nantes au nombre de *plus de quatre à cinq cents*.

Je veux, en terminant, renouveler cette déclaration : qu'en m'occupant du Protestantisme, à Nantes, je n'ai pas eu l'intention d'être désagréable à ceux de mes concitoyens qui appartiennent aux églises séparées. Voulant répondre au *Phare de la Loire*, je devais le faire, pièces en main.

(1) *Espérance du Peuple*, nos des 26 et 30 mars 1852.

Page 5, lisez : *Horresco referens*, et non *Horresco*. . .

Nantes, Imprimerie M. Bourgeois, rue Saint-Clément, 115.

www.ingramcontent.com/pod-product-compliance
Ingram Content Group UK Ltd.
Pitfield, Milton Keynes, MK11 3LW, UK
UKHW022148190726
13855UKWH00004B/1398